LES CÉLÉBRITÉS D'AUJOURD'HUI

—

Judith Gautier

PAR

REMY DE GOURMONT

PORTRAIT-FRONTISPICE DE JOHN SARGENT

BIOGRAPHIE ILLUSTRÉE DE PORTRAITS, ET D'AUTOGRAPHES,
SUIVIE D'OPINIONS,
DE DOCUMENTS ET D'UNE BIBLIOGRAPHIE.
ORNEMENTS TYPOGRAPHIQUES D'ORAZI

PARIS
BIBLIOTHÈQUE INTERNATIONALE D'ÉDITION
9, RUE DES BEAUX-ARTS, 9
MCMIV

JUDITH GAUTIER

JUDITH GAUTIER
(Dessin de John Sargent

LES CÉLÉBRITÉS D'AUJOURD'HUI

Judith Gautier

PAR

REMY DE GOURMONT

PORTRAIT-FRONTISPICE DE JOHN SARGENT

BIOGRAPHIE ILLUSTRÉE DE PORTRAITS, ET D'AUTOGRAPHES,
SUIVIE D'OPINIONS,
DE DOCUMENTS ET D'UNE BIBLIOGRAPHIE.
ORNEMENTS TYPOGRAPHIQUES D'ORAZI

PARIS
BIBLIOTHÈQUE INTERNATIONALE D'ÉDITION
9, RUE DES BEAUX-ARTS, 9
MCMIV

Judith Gautier

I

orsque, *en 1867, par le* Livre
de Jade, *et en 1869, par le*
Dragon impérial, *la fille aînée
de Théophile Gautier débuta
dans les lettres, il y eut un
mouvement de surprise et
presque de révolte. On ne voulait pas croire que
cette littérature, si originale et si dédaigneusement
impersonnelle, fût l'œuvre exclusive d'une femme.
C'était du Gautier, mais plus pur encore, plus
ironique et plus doux, et l'auteur, mariée depuis
hier, n'avait pas vingt ans ! Mais Judith Gautier,
qui dédaignait la gloire, dédaigna bien plus encore
de relever ces insinuations ; elle continua d'écrire
pour son plaisir et pour notre joie.*

*Jamais créature ne fut d'une beauté moins
chinoise ou moins japonaise que cette femme qui a
placé en Extrême-Orient la scène de ses romans,*

de ses contes et de ses poèmes ; mais son âme s'est merveilleusement transformée selon le génie des races de l'Asie jaune et plusieurs fois elle nous donne l'illusion d'être née sur le Yang-Tsé-Kiang, fille d'un mandarin ami des poètes qui chantent les pivoines rouges et les ailes blanches des cigognes. Un répertoire fantaisiste de la littérature (1) la définit ainsi : « Judith Gautier : princesse chinoise.... ».

Elle est allée naturellement vers ces peuples étranges et elle les a aimés, parce qu'elle les embellissait de toute la beauté qui est en elle. La Chine de Judith Gautier est un peu idéalisée, mais moins que l'on ne croirait. Le Dragon impérial est quelque chose comme une révolte de Boxeurs ou de Longs-Couteaux chantée sur le ton du Roland furieux. Les événements chinois des dernières années semblent parfois racontés d'avance dans ce livre extraordinaire, qui est l'histoire de l'usurpateur Ta-Kiang soulevant le peuple pour détrôner l'empereur Kang-Si. Il contient d'admirables scènes de torture ou de carnage, mais que de pages douces et délicates !

La jeune femme qui choisissait un tel sujet de roman ne songeait guère à flatter ni la critique ni le public. Visiblement, elle écrivait pour elle-même comme sur un cahier secret. Si les livres de Judith Gautier ont été imprimés, c'est qu'elle a toujours vécu dans le monde où l'on imprime ; elle a fait comme les autres, voilà tout. Il y a, à ce propos, une curieuse page de M. Anatole France :

« On a signalé avec raison, écrivait-il en 1890, l'indifférence presque hostile de Mme Judith Gautier,

(1) *Le Petit Bottin des Lettres et des Arts*, 1886.

non seulement pour ses œuvres d'art, mais même pour ses belles œuvres littéraires. M. E. de Goncourt raconte qu'il trouva un jour dans la maisonnette de la rue de Longchamps la jeune Judith qui sculptait l'Angélique d'Ingres dans un navet. Le fragile chef-d'œuvre périt en peu de jours. Ce n'était qu'un amusement, le jeu d'une jeune fée ; mais ceux qui connaissent l'indifférence de Mme Judith Gautier pour la gloire sont tentés d'y voir un trait de caractère. L'auteur de tant de beaux livres écrits avec amour n'a nul souci de la destinée de ses ouvrages. Comme elle a sculpté Angélique dans un navet, elle tracerait volontiers ses plus belles pensées sur des feuilles de rose et dans des corolles de lys que le vent emporterait loin des yeux des hommes. Elle écrit comme Berthe filait, parce que c'est l'occupation qui lui est la plus naturelle. Mais, quand le livre est fini, elle ne s'y intéresse plus et demeure parfaitement indifférente à tout ce que l'on en pense, à tout ce que l'on en dit. Jamais femme, je crois, ne laissa voir un si naturel dédain du succès et fut si peu femme de lettres. Et jamais poète n'eut plus que la fille de Théophile Gautier le droit de dire avec le berger de l'Anthologie : « J'ai chanté pour les Muses et pour moi. »

Il y a encore, dans le Journal des Goncourt, cette mine inépuisable d'or et d'anecdotes littéraires, un bien intéressant passage touchant Judith Gautier :

« 15 avril (1868). — Au fumoir, Théophile Gautier m'entretient de sa fille Judith, de son roman chinois paraissant dans la Liberté, qu'il trouve « du Salammbô sans lourdeur ». Il me dit que c'est la plus étonnante créature du monde, un cerveau merveilleux, mais un cerveau n'ayant aucune corrélation avec sa personne, sa conduite, son état et son esprit dans la vie. Elle n'est rien qu'un instrument, un outil devant une feuille de papier ».

Judith Gautier doit donc être rangée parmi les écrivains, non pas inconscients, mais subconscients, parmi ceux qui ne travaillent que sous l'influence de ce qu'on appelait autrefois l'inspiration. On sait d'ailleurs que la volonté, c'est-à-dire la conscience, qui accompagne le commencement de l'acte, ne joue presque aucun rôle dans la création littéraire; mais ce rôle est variable selon les cerveaux. Souvent, et cela pour les esprits les mieux doués et les plus originaux, le sens critique ne s'éveille jamais ; d'autres fois, il accompagne l'achèvement de l'œuvre, ralentit le jet de la sève, rend le travail plus sûr, mais aussi plus difficile, moins agréable. Le travail du génie est presque toujours subconscient ; et ceci s'applique fort bien à Judith Gautier, car le Dragon impérial est sûrement une œuvre de génie, et sûrement l'une des trois ou quatre belles œuvres littéraires qui furent jamais produites par des femmes.

II

C'est dans ce roman chinois, vraiment « héroïque et galant », que l'on trouve le dessin original d'une des scènes qui firent le succès de Cyrano de Bergerac : *le poète aventurier et batailleur qui scande d'un coup d'épée chacun des vers que sa verve improvise :*

« Ko-Li-Tsin devint silencieux. Tout en guettant les mouvements de ses adversaires et en écartant violemment leurs glaives, il balançait la tête selon des rythmes.

— « Un ! s'écria-t-il bientôt, le premier vers est fait ! Gloire aux Pou-Sahs ! Toi, ajouta-t-il, parlant au plus laid des quatre Tartares, tu me déplais avec ta face noire et borgne ; je t'aimerais mieux aveugle.

« Et il enfonça son glaive dans l'œil du soldat qui tomba en arrière, mort.

— « Très bien ! dit Ko-Li-Tsin, je tuerai un homme à chaque vers.

« Et il se remit à songer.

— « Deux ! cria-t-il après un long temps. Le second vers vibre dans mon esprit. Eh bien ! Personne ne tombe ?

« Et le poète, faisant un brusque pas en avant, perça à la fois de ses glaives deux des Tartares.

— « Ah ! ah ! dit-il, cette fois mon esprit est en retard.

« Mais il courait un grand péril. Pendant que

ses sabres étaient engagés dans les blessures, le dernier adversaire se ruait sur lui dangereusement. D'un violent coup de pied, Ko-Li-Tsin le fit rouler à terre et, pendant que le soldat, furieux, se relevait, il dégagea ses glaives, et, terminant son troisième vers.

— « Trois ! dit-il, j'ai rattrapé le temps perdu.

« Et il se remit à batailler sans colère avec le dernier vivant.

— « Tu penses bien, lui dit-il, que je n'ai plus besoin de me presser et que je vais prendre tout mon temps pour inventer la fin de mon poème. Tiens, je te piquerai à chaque caractère qui s'épanouira dans mon cerveau ingénieux ; le vers sera de sept caractères ; ainsi, à chaque coup, tu sauras exactement où j'en serai.

« Le soldat rugissait et se démenait désespérément.

— « Voyons, lui dit le poète, connais-tu ce caractère ?

« De la pointe d'un sabre il lui grava sur le front un signe sanglant.

— « Non, continua-t-il. Je suis sûr que tu ne sais même pas tracer ton nom. Tu ne mérites aucune estime. Voilà le second, ajouta-t-il.

« Il lui abattit une oreille.

« Le soldat, épouvanté, commençait à reculer.

— « Allons ! reprit Ko-Li-Tsin, je suis clément et je te fais grâce de quatre mots. Voici le dernier.

« Et il lui plongea son glaive dans le cœur.

— « Mon poème est terminé ! s'écria-t-il alors en levant les bras. O belle Tsi-Tsi-Ka, fleur de mon jardin ! tu es à moi ; tu n'appartiendras à aucun époux et, après ma mort, tes larmes féconderont ma tombe ! »

Cette page merveilleuse pourrait servir encore à démontrer une autre originalité de Judith Gautier. Elle peint avec grâce ou avec force les sentiments vrais et profonds, mais elle n'est pas sentimentale. Les horreurs de la guerre l'émeuvent surtout par leur couleur et leur pittoresque. Il y a un cœur d'homme, et d'homme supérieur, dans cette femme qui prolonge ainsi jusqu'à nous les dons merveilleux de son père.

Le Dragon impérial, *on n'écrit pas deux livres de cette valeur; mais, quand on en a écrit un, on ne peut plus écrire rien d'indifférent, rien de médiocre. La preuve est faite et le pli est pris. Après trente ans, c'est bien le génie du* Dragon impérial *et la délicate et tendre ironie de* Ko-Li-Tsin *qui sourit encore dans les* Princesses d'Amour. *Là, nous sommes au Japon, parmi le monde des courtisanes lettrées, dont les mœurs ressemblent tant, avec plus de mignardise, à celles des courti sanes grecques. Ces belles japonaises ont les noms les plus galants et les plus doux : Oiseau-Fleur, Petit-Papillon, Jeune-Saule, Guitare-de-Jade.*

Oiseau-Fleur, visitée et aimée par un prince, se prend de passion pour ce jeune homme doux et cordial et, au lieu de vouer sa vie aux plaisirs faciles, elle se résoud à ne connaître qu'un seul amour. Il faut dire qu'Oiseau-Fleur est encore une chaste jeune fille quand, à peine entrée dans l'enceinte des maisons vertes du Yosi-Wara, elle se rencontre avec San-Daï. Après une nuit d'amour, les jeunes gens échangent des serments solennels et Oiseau-Fleur se jure à elle-même de devenir princesse ou de mourir. Il se découvre, après de délicieux ou tragiques épisodes, que le vrai nom d'Oiseau-Fleur est Rosée de l'Aube et qu'elle est la fille du prince d'Ako — et tout finit comme dans nos vieux contes de fées. Ce n'est rien et c'est parfait ; ce n'est qu'une fleur, mais qu'une seule main pouvait cueillir.

III

Si l'on traduit littéralement les deux signes chinois qui ornent la couverture du Livre de Jade *(1), on obtient ceci : « Jade Pinceau-dire ». Parler ou dire avec le pinceau, c'est écrire. Les caractères sont véridiques, et aussi tous ceux qui sont semés en épigraphes, le long de ce délicieux recueil de poèmes. Judith Gautier, si étonnant que cela puisse paraître à nos lettrés, est un lettré chinois. Elle écrit la langue mandarine ; elle parle la langue usuelle. Il est difficile d'aller chez elle sans y rencontrer quelque mandarin en mission, quelque attaché d'ambassade, gens charmants d'ailleurs, de la politesse la plus exquise, dès qu'ils se sentent dans un milieu ami. Le petit salon de Judith Gautier est un coin de la Chine : aucun Chinois des hautes classes n'a jamais passé à Paris sans y venir boire le thé vert, regarder les manuscrits précieux qui y sont célés en des coffrets de laque, et admirer cette nouvelle Ly-Y-Hane, qui renouvelle, sur la terre d'Europe, les délices*

(1) La nouvelle édition, chez Juven.

poétiques qui enchantaient les délicats au temps de la dynastie des Song.

Les poétesses sont rares en Chine. Celles du talent de Judith Gautier sont rares en France. Cependant, si on lui parle du Livre de Jade, elle ajoute, comme le livre le porte en sous-titre, « poésies traduites du chinois ». C'est la fâcher que de laisser entendre que la traductrice ait ajouté le moindre trait à la grâce de l'original. Tout son mérite, dit-elle, est d'avoir été un fidèle interprète. On a peine à la croire ; cependant il le faut bien, car cela est véritable. Les Chinois qui savent le français retrouvent dans cette anthologie les strophes qu'ils savent par cœur et qui sont les modèles éternels de leur poésie.

Li-Taï-Pé et Thou-Fou sont les deux plus illustres poètes chinois ; ils se partagent depuis des siècles, ainsi que des dieux, dans une sereine rivalité, d'innombrables hommages. Li-Taï-Pé, comme le persan Omar-Kéyam, a chanté les joies du vin, et il les a vécues. Cela fait qu'il manquait souvent à l'étiquette, mais l'empereur Ming-Hoang lui pardonnait tout : « Tout ce que je fais pour un poète d'un tel génie, disait cet excellent prince, ne peut que me grandir aux yeux des hommes supérieurs ; quant à l'opinion des autres, elle n'importe pas. » Et un jour que Li-Taï-Pé s'endormait devant lui, l'empereur remua lui-même la cuiller dans la tasse de thé pour faire refroidir le breuvage qui allait réveiller le poète alourdi par la fumée du du vin de riz. Ses poésies sont charmantes :

« Des jeunes filles se sont approchées de la rivière ; elles s'enfoncent dans les touffes de nénuphars.

» On ne les voit pas, mais on les entend rire, et

le vent se parfume en traversant leurs vêtements.

» Un jeune homme à cheval passe au bord de la rivière, tout près des jeunes filles.

» L'une d'elles a senti son cœur battre, et son visage a changé de couleur.

» Mais les touffes de nénuphar l'enveloppent. »

On dirait plutôt le thème d'un poème, qu'un poème véritable ; mais les Chinois sont sobres, même en poésie. Ils ont édifié un temple à Li-Taï-Pé, car ils vénèrent le génie, comme les chrétiens la sainteté.

Thou-Fou fut longtemps le favori de l'empereur de Tchane-Gane. Ses vers sont moins profondément chinois, plus empreints d'émotion, plus souriants aussi :

« Mon bateau glisse rapidement sur le fleuve et je regarde dans l'eau.

» Au-dessus est le grand ciel où se promènent les nuages.

» Le ciel est aussi dans le fleuve ; quand un nuage passe sur la lune, je le vois passer dans l'eau.

» Et je crois que mon bateau glisse sur le ciel.

» Alors je songe que ma bien-aimée se reflète aussi dans mon cœur. »

Oté le trait sentimental de la fin, on croirait lire un fragment d'Ausone :

... Et vitreis vindemia urget in undis.

Dans un petit poème de Tchang-Si, une femme dit :

« Tu m'offres deux perles brillantes ; bien que je détourne la tête, mon cœur pâlit et s'émeut malgré moi.

» Un instant je les pose sur ma robe, ces deux

perles claires ; la soie rouge leur donne des reflets rosés.

» Que ne t'ai-je connu avant d'être mariée ! Mais éloigne-toi de moi, car j'appartiens à un époux.

» Au bord de mes cils, voici deux larmes tremblantes ; ce sont tes perles que je te rends. »

Cette « épigramme » serait célébre, si on la trouvait dans l'Anthologie grecque. Nul du moins ne contestera qu'elle pourrait s'y trouver.

C'est dans cet air tiède et léger, parfumé par les fleurs du pêcher et du prunier que respire le plus volontiers Judith Gautier ; et j'ai cité ces trois poésies chinoises comme, étant peintre, j'aurais jeté sur le papier un entrelacs de lotus et de bambous.

IV

On lit dans le Collier des Jours, qui est le premier volume des souvenirs de Mme Judith Gautier :

« ... Un coup de timbre nous interrompit, et bientôt un personnage très singulier entra, sans aucun bruit et en saluant de la tête. Il me fit l'effet d'un prêtre sans soutane.

— » Ah ! voilà Baldelarius ! s'écria mon père, ne tendant la main au nouveau venu...

» ... *Je le regardais avec ces yeux écarquillés et fixes que j'avais devant toute chose nouvelle.*

— « Je te présente mon autre fille, dit mon père.

— « Ah ! c'est ce mystérieux « Ouragan » dont on parle quelquefois et qu'on ne voit jamais ? Tu l'as exécutée, à ce qu'il me semble, sur le modèle de ton rêve, car elle a l'air d'une petite fille grecque.

— « Ma foi, je n'y pensais guère en la faisant, dit mon père en riant.

« Baudelaire se tourna vers moi :

— » Mademoiselle, me dit-il d'un air solennel, défiez-vous de ce nom d'Ouragan, je vous prédis que vous causerez des naufrages. »

Cela veut dire qu'elle devait devenir très belle. Quelques années plus tard, c'était une grande jeune fille, sculpturale avec aisance, à la figure dorée, aux yeux noirs, larges et profonds, au sourire lumineux : un admirable exemplaire de la femme.

Judith Gautier est née à Paris en 1850, fille aînée de Théophile Gautier. Elle se maria, puis elle reprit sa liberté. Elle aime la liberté, quoiqu'elle n'en fasse rien, et qu'elle vive en un cinquième étage, telle qu'un Robinson des montagnes. Là, ce sont des fleurs rares, qui prennent l'air sur une terrasse où se chauffent au coin du feu, des tableaux, des bibelots, des masques, des figurines qu'elle-même modela et qui drapent de chiffons éclatants leurs chairs peintes.

Elle a eu toutes les curiosités, même celle de l'astronomie, dont les calculs cependant la rebutèrent. M. Godebski lui enseigna en ces termes les principes des beaux-arts : Un homme est un triangle; une femme est un œuf. Il ne lui en fallut pas davantage pour oser entreprendre une horloge monumentale où douze femmes figuraient les douze

heures : M. Anatole France a décrit cette horloge
dont le modèle, démarqué, a fait la fortune d'un
artiste indélicat.

Mais ce sont là les jeux du loisir. C'est de
l'écrivain que le public, intéressé enfin par le
délicieux Collier des Jours, prétend qu'on l'entre-
tienne. L'écrivain fut d'une extrême précocité. Il
avait dix-sept ans, quand il publia le Livre de
Jade, déjà écrit depuis plus d'une année, fruit d'une
adolescence paradoxale : Judith Gautier savait le
chinois à l'âge où les jeunes filles jouent à relever
leur première robe longue. L'Orient tout entier
l'attirait. M. Clermont-Ganneau lui enseigna le
persan, et cela nous valut Iskender. Elle apprit
aussi le japonais, comme en témoignent plusieurs
livres et notamment les Poèmes de la Libellule.
Il n'est pas jusqu'aux hiéroglyphes qui ne l'aient
tentée, un jour qu'elle se souvint d'avoir collaboré,
en feuilletant avec son père des planches où les
hommes avaient des têtes d'animaux, au Roman de
la Momie. Mais c'est la Chine, qui a gardé ses
préférences, en même temps qu'elle lui inspirait
ses plus beaux livres.

Tout ce qui n'est pas chinois, ou du moins
oriental, lui semble un peu absurde ; elle n'exempte
de ce reproche que bien peu d'écrivains ou d'artistes : Wagner, pour la gloire de qui elle a
combattu, à l'heure héroïque, au premier rang.
Aussi les occupations de littérature courante lui
ont-elles toujours été particulièrement pénibles.
Elle se rappelle sans plaisir le temps où elle était
le chroniqueur littéraire du Rappel et celui où,
fonctionnaire nommé par décret, elle fournissait
de littérature, signée F. Chaulnes, l'ancien Journal
officiel, à son déclin. Elle n'écrit d'ailleurs jamais

que pressée par une promesse, par un traité. Quand paraissait, à la Revue de Paris, le Collier des Jours, la revue était faite, mise en page, corrigée, prête à recevoir le bon à tirer, que M. Ganderax attendait encore, avec une impatience que sa sympathie mitigeait difficilement, la copie de son terrible collaborateur. Ainsi jadis Théophile Gautier rédigeait à la dernière heure, parmi les bruits de l'imprimerie, les trois cents lignes du Capitaine Fracasse que l'on attendait pour mettre les machines en mouvement.

Comme autres traits de psychologie, on peut noter que Judith Gautier ne se vante d'aucun sens critique : elle aime ou elle n'aime pas, voila tout. Elle n'a que très peu la notion du temps. Lui demander une date de sa vie, c'est la plonger dans la dernière perplexité : le passé qui l'intéresse est là tout près devant ses yeux, il est récent ; le passé qui ne l'intéresse pas est très loin, là-bas, il est ancien. Il est très probable, disons-le en passant, que les peuples primitifs n'ont jamais connu d'autre chronologie ; elle est très légitime. Les mémoires de Judith Gautier ressemblent à l'histoire de l'Inde antique dont les dates flottent entre quinze cents ans : les faits semblent exacts, mais quand sont-ils advenus ? Ce ne sera pas un médiocre travail que de dater, dans le Collier des Jours, les perles charmantes dont il chatoie.

Elle me citait quelques hommes d'hier. « Où sont demandait-elle, ceux qui les remplacent ? »

« Les géants de la forêt sont morts », se disaient entre eux quelques arbres puissants et solitaires qui conversaient par dessus le commun feuillage, « qui nous abritera maintenant, qui va guider nos rêves et nous dévoiler les secrets de la vie ? » — « Hélas ! »

hasarda l'un d'eux, un frêne encore svelte, « les géants de la forêt, c'est nous, maintenant. Ne le voyez-vous pas ? Nous étions abrités, nous sommes devenus l'abri ; nous recevions des conseils, on nous en demande ; nous posions des questions, on nous interroge. Nous avons changé de place dans le temps, sans nous en apercevoir. » Un coup de vent passa qui ne fit frémir que les sommets.

Aux temps heureux de Yao
et de Chun la licorne et
le phénix s'aventuraient sur
la terre

Pourquoi donc reviendraient
ils aujourd'hui où ces temps
là ne sont plus ?

O licorne ! O licorne !
que mon cœur est triste...

souvenir d'un chant
de Confucius

Judith Gautier

唐虞世兮麟鳳遊　今非其時來何求

麟兮麟兮我心憂

錄孔子歌

俞策德

AUTOGRAPHES DE JUDITH GAUTIER

en français et en chinois

D'après une photographie de W. Damry, à Dinard.

OPINIONS ET DOCUMENTS

De M. Robert de Bonnières.

Samedi 29 décembre 1883.

C'était dans le bas Neuilly, entre le bois et l'avenue
une maisonnette avec une cour plantée qui regardait la
Seine. Cette cour en terrasse et son large parapet donnaient à cette bicoque un faux air d'importance, et le
brouillard qui l'enveloppait la moitié du temps en voilait
la pauvreté bourgeoise. Dans ses quatre murs de plâtre
moisi, on se serait cru chez un employé, si on n'y avait
vu une douzaine de toiles romantiques, des livres et la
gaîne d'or d'une momie.

C'est là que Théophile Gautier vécut, entre ses deux
filles, ses dernières années. Elles étaient belles toutes
deux, et belles de cette beauté de lignes qu'elles tenaient
de leur père ; mais une seule avait « le visage de lune et
les yeux de lotus » des déesses indoues, avec ce profil
pur qu'on voit sur les médailles d'Agrigente. Ces compa-
raisons doivent être prises à la lettre, si l'on veut se faire
une idée du visage de Mlle Judith, qui reproduisait dans
la perfection cette beauté antique que son père avait tant
aimée. Avec cela je ne sais quoi de sauvage dans ses
étranges yeux jaunes, et, dans ses attitudes, l'abandon
fatal d'une esclave d'Orient.

..... Elle n'était pas encore entrée dans l'Orient ; c'est l'astronomie qui l'occupait comme Hypathie. Mais n'allez pas croire qu'elle fit de la science amusante et se complut à méditer les œuvres de M. Flammarion. Ses auteurs étaient Arago et le P. Secchi, et elle avait l'attitude méditative de la Polymnie, que Gautier a chantée.

Elle nourrissait aussi des lézards. Mais l'ennui, cet inévitable ennui, qui saisissait Chateaubriand, à côté de ses livres et de ses maîtresses, et qui fait bailler les lions, l'ennui envahissait la Polymnie accoudée.

Alors un poëte entra :

Par la petite porte étroite du jardin.

Il avait un subtil talent, une parole charmante, les longs cheveux blonds et la barbe fourchue des *Nabis* de sa race. C'était M. Catulle Mendès, tout jeune encore et tel qu'il apparaît aujourd'hui. Il se fit agréer et épousa Mlle Judith.

Gautier, à qui il en coûtait de donner sa fille, eut quelque regret. Ce mariage ne fut pas heureux. Aprés une lettre pleine d'aveux triomphants et de soucis littéraires que M. Catulle Mendès laissa publier dans les journaux, une séparation fut prononcée au bénéfice de Mme Mendès, qui reprit dés lors le nom de son père, et denoua ce qui avait été mal lié.

Il ne reste plus de ce passé que le souvenir d'un petit salon où l'on disait des vers devant un buste de Wagner au milieu de crépons japonais qui n'étaient pas alors tombés, comme aujourd'hui, dans la vulgarité. Mme Judith modelait alors la terre et faisait de jolies figurines. Elle composa notamment un ingénieux modèle de pendule : une sphére sur laquelle les douze heures du jour et les douze heures de la nuit, figurées par des femmes, se livraient chacune à une occupation caractéristique. Il y en avait qui buvaient ou qui dormaient ; d'autres se donnaient des baisers. Cette composition avait toute la richesse imaginaire qu'on admira depuis dans les vases et les coupes de Gustave Doré.

Elle écrivit aussi et surtout. Son premier livre, *le Livre de Jade*, signé Judith Walter, est une suite de petits poëmes en prose qu'elle a dû emprunter aux vieux poëtes chinois, mais qui, en réalité, lui appartiennent en propre.

..... Le *Livre de Jade* est de 1867. Mme Judith Gautier était désormais enfermée dans sa tour de porcelaine, où elle s'entourait de toutes les images de l'Extrême-Orient.

. . . .

Jamais fumeur d'opium ou mangeur de haschish, jamais créateur de paradis artificiel ne fit son rêve si riche et si suivi, sa vision si forte.

Mme Judith Gautier a *vu* la Chine et le Japon. Il est à la connaissance de tout Paris qu'elle sait le chinois et qu'elle a eu pour maître en cette langue difficile le plus falo de tous les petits hommes jaunes qui soient sur la terre. Il se nomme Tin-Tun-Ling, compose des vers en comptant sur ses doigts et a deux femmes en France. Cette dernière particularité l'amena en cour d'assises où il ne suffisait pas pour le défendre de connaître le droit français : il fallait encore savoir le droit chinois. Mme Judith Gautier assista le bigame jaune et fournit à la défense un victorieux commentaire du code chinois au chapitre des justes noces......

Mme Judith Gautier a successivement reçu l'ambassadeur de Chine, envers lequel elle observa toutes les règles en usage parmi les lettrés du Céleste-Empire, et le géant chinois de l'Hippodrome, qui est un bon négociant en thé, sans préjugés.

. . . .

Elle sortait pourtant quelquefois de sa tour en porcelaine ; c'était pour aller entendre la musique de Wagner. Wagner, son dieu et son ami, dont elle a raconté la vie et décrit l'œuvre. C'est une ardeur religieuse, un amour idéal que lui inspirent les compositions du maître, dont le génie a créé tout un monde. Et, s'il ne faut pas chercher dans ses pages sur l'auteur de *Parsifal* une analyse exacte et un examen des procédés techniques, on y trouve du moins l'expression heureuse de l'amitié forte et du juste enthousiasme.

Cet excellent écrivain s'exprime assez mal, il faut le dire, dans la conversation ordinaire. Je ne lui en fais point un reproche. Il est amusant seulement de l'entendre mettre *chose* et *machin* à la place de tous les mots qui lui échappent et qu'elle trouverait si bien pourtant en écrivant. Elle parle peu du moins, et se flatte de ne jamais rien expliquer de vive voix. Son indifférence de bien dire dans la conversation, son silence habituel, son air d'ennui, la font, à voir, plus sultane que bas-bleu. Je n'ai jamais vu en ma vie une femme de lettres qui le parût moins, et ait une si douce insoucience pour tout ce qu'elle écrit.

Elle n'est guère parisienne, non plus par la marche ni l'allure, et se tient à la grecque. Les autres femmes goûtent peu ses toilettes. Enfin elle ne chiffonne pas et, au lieu du fil, du dé et des aiguilles, elle manie le pinceau, la gomme et le laiton, pour faire, aux heures de loisir, de merveilleux petits ouvrages : une lanterne magique pour les petits-enfants de Victor Hugo, avec l'œuvre entier du poëte peint sur les verres et un théâtre de marionnettes, avec tous les décors et tous les personnages des drames de Wagner, qu'elle envoya à son filleul, un des enfants du maître.

Ce sont là ses amusements. Elle se repose ainsi d'écrire, heureuse si elle a pu écarter ainsi un moment son unique et terrible ennemi : l'ennui.

Elle n'a rien demandé à la vie : une cabane au bord de la mer ; une chambre sous un toit de Paris, c'est tout ce qu'elle possède au monde. Elle passe sur cette terre comme une belle étrangère. Elle ne connait que sa pensée, n'y voit que son rêve.

Elle est toujours seule en sa tour de porcelaine.

(Mémoires d'aujourd'hui. Deuxième série.
Paris, Ollendorff, 1885.)

De Théodore de Banville

... Les livres de Mme Judith Gautier ressemblent à ceux de Théophile Gautier. On pourrait se ressembler de plus loin ; mais l'auteur du *Dragon impérial* et de *La Sœur du Soleil* n'imite nullement son père et n'a pas besoin de l'imiter, étant parfaitement semblable à lui. Elle a reçu les mêmes dons que le poète des *Émaux et Camées* ; elle a, comme lui, une beauté olympienne, une âme poétique et toutes les splendeurs de l'imagination et de l'esprit. C'est la même intuition, la même science impeccable, la même magnificence et la même hardiesse de style unies à une précision que rien ne déconcerte ; la même puissance d'animer les créatures et d'évoquer les plus beaux spectacles du monde visible et du monde invisible. En notre France, qui a eu de si grandes femmes, je ne pense pas que nulle ait été supérieure à l'auteur d'*Iskender*. Ses livres demeureraient rien que par la force de la grammaire et de la bonne écriture ; mais, outre cela, ils ont beaucoup de choses encore, et notamment : tout ! . . , ...

Je n'ai su dire ni pourquoi j'aime le livre appelé *Iskender*, ni en quoi il est beau, ni ce qu'il y a dedans : je me suis borné à crier d'admiration ; mais n'est-ce pas là tout ce que sait faire un vieux rimeur inutile ?

(Gil-Blas, 4 juin 1886).

De S. E. Yu-Keng

Ancien Ambassadeur de Chine à Paris

Moi, Yu-Keng, j'exprime ici, ce que m'inspire « le Livre de la Foi nouvelle » :

Pao (le principe, la voie) peut à travers le mystère, communiquer avec le ciel.

Seul le savant cherche a approfondir le pourquoi de ces deux extrêmes : le commencement et la fin.

Sublime comme le dragon, Judith Gautier a compris le secret de la naissance et de la mort et mis d'accord le bien et le mal.

On écoute sa voix pareille à celle du vent dans les sapins. Elle s'étendra dans l'avenir et sera éternellement entendue.

(1902)

BIBLIOGRAPHIE

ÉDITIONS

Le Livre de Jade, Paris, Lemerre, 1867, in-12, papier vergé (Publié sous le nom de Judith Walter). — **Le Dragon Impérial**, roman, Paris, Lemerre, 1869, in-18 (Publié sous le nom de Judith Mendès); réimprimé sous la signature de Judith Gautier, en 1893, Paris, Colin, in-18, *Collect. de romans historiques*. — **L'Usurpateur,** roman, avec 2 frontispices par l'auteur, Paris, Lacroix, 1875, 2 vol. in-18 (réimprimé *deux fois* sous ce titre mais avec variantes : **La Sœur du Soleil**, roman, nouv. éd., Paris, Dentu, 1887, in-18, et Paris, Colin, 1898, in-18, *Coll. de romans histor.* — **Lucienne**, roman, Paris, Calmann Lévy, 1877, in-18. — **Les Cruautés de l'Amour,** nouvelles, Paris, Dentu, 1879, in-18 (réimprimé en 1890, Paris, Marpon et Flammarion, in-16, *Collect. des auteurs célèbres*, nᵒ 139.. — **Les Peuples étranges**, Paris, Charpentier, 1879, in-18. — **Isoline,** roman, avec 12 eaux-fortes, par Auguste Constantin, Paris, Charavay fr., 1882, in-8ᵒ carré (518 ex., dont 500 holl. ; 12 chine ; et 16 japon ; encadrement en couleur). — **Isoline et la Fleur Serpent**, et autres nouvelles, trois gravures de F. Regamey et de Constantin, Paris, Charavay frères, 1882, in-18. — **Richard Wagner et son œuvre poétique depuis Rienzi jusqu'à Parsifal**, avec portrait et autographe, Paris, Charavay frères, 1882, in-16. — **La Femme de Putiphar,** Paris, Marpon et Flammarion, 1884, in-18, 2 grav. (*Les Grandes Amoureuses*). — **Poèmes de la**

Libellule, trad. du japonais d'après la version littérale de M. Saionzi, Conseiller d'État de S. M. l'Empereur du Japon, par Judith Gautier. Illustrés par Yamamoto, Paris, impr. Gillot, 1885, in-4° carré, gravures coloriées, papier du japon (hors commerce). — **Iskender**, histoire persane, Paris, Frinzine et Cie, 1886, in-18 (réimp. en 1894, avec un sonnet liminaire de Leconte de Lisle, Paris, Colin, in-18, *Coll. de romans histor.* — **La Conquête du Paradis ; le Lion de la Victoire ; la Reine de Bangalore**, Paris, Frinzine, 1887, 2 vol. in-18 (réimpr. — mais réduit — en 1890, Paris, Colin, in-18, *Coll. de romans histor.;* en sus, 25 ex. hollande, numérotés. — **Les Noces de Fingal**, poème en trois parties (*Concours Rossini*), Paris, impr. Firmin Didot (Institut de France), 1888, in-4° à 2 colonnes. — **La Marchande de Sourires,** pièce japonaise en 5 actes et 2 parties (Odéon, 21 avril 1888), Prologue d'Armand Silvestre, musique de Benedictus, Paris, Charpentier, 1888, in-18. — **Les Musiques bizarres à l'Exposition** [1889] recueillies et transcrites par Benedictus, dessins de F.-A. Gorguet, Paris, G. Hartmann et Cie, 1889, in-8° (Les chansons exotiques contenues dans cet ouvrage ont été traduites par Judith Gautier : elles ne portent point de signature). — **Fleurs d'Orient**, nouvelles historiques, Paris, Colin, 1893, in-18, *Coll. de romans histor.* — **Le Vieux de la Montagne**, roman, Paris, Colin, 1893, in-18. — **Parsifal**, poème de Richard Wagner, traduction littérale, dessin de Paul Baudry et autographe de Wagner, Paris, Colin, 1893, in-8° carré, papier vélin. — **La Camargo** (en collaboration avec Tonnery), ballet-pantomime en 2 actes et 3 tableaux, Paris, Colin, 1893, in-18. — **La Sonate du Clair de Lune,** opéra en un acte (musique de Benedictus), Paris, Colin, 1894, in-18. — **Mémoires d'un Éléphant blanc,** roman, illustr. de Mucha, ornement. par P. Ruty, Paris, Colin, 1894, in-4° (nouv. édit., Paris, Colin, 1900, in-16, *Bibl. du Petit Français.*) — **Khou-n-Atonou** (*Fragment d'un papyrus*), et diverses nouvelles, Paris, Colin, 1898, in-18. — **Parsifal** de Richard Wagner, traduction nouvelle s'adaptant à la musique, Paris, Société française d'édition d'art, mai 1898, in-18 (Il existe des exemplaires portant la marque de Fasquelle, 1900). — **Les Princesses d'amour** (*Courtisanes japonaises*), roman, Paris, Ollendorff, 1900, in-18 (5 ex. hollande). — **Les Musiques bizarres à l'Exposition de 1900,** transcrites par Benedictus, avec musique, Paris, Ollendorff et Enoch 1900, in-8° (Série de fascicules divers publiés, séparément et réunis sous une couverture en couleurs de Jeanniot : *La Musique Chinoise; La Musique Javanaise; La Musique Indo-Chinoise; La Musique Japonaise, les Danses de Sada Yacco; La Musique Egyptienne; Les Chants de Madagascar*). — **Le Collier des Jours** [Souvenirs autobiographiques], Paris, Juven, 1902, in-18. — **Le Livre de Jade**, poésies traduites du chinois, nouvelle édition considérablement augmentée [et corrigée] et ornée de vignettes et de gravures sur bois d'après les artistes chinois, Paris, Juven [1902], in-8º (Les ex. de luxe contiennent un frontispice à l'eau-forte — portrait d'une poétesse chinoise — signé Judith Gautier). — **Le second rang du Collier** [souvenirs autobiographiques], Paris, Juven, 1903, in-18. — **Le Livre de la Foi nouvelle** (ouvrage anonyme publié sans indication de lieu, ni de date, ni nom d'éditeur ou d'imprimeur), [Paris, 1903], gr. in-8º.

Sous Presse : **Le Paravent de soie et d'or**, nouvelles orientales, illustrées d'images chinoises, Paris Fasquelle, in-18.

En préparation : **Bar-Kokeba** (Le Fils de l'Étoile), roman juif. — **La Fille du Ciel**, drame chinois (en collaboration avec Pierre Loti); sera joué par Mme Sarah Bernhardt.

Ouvrages non publiés : **La Barynia**, drame russe (en collaboration avec Joseph Gayda) représenté au théâtre de l'Odéon, le 20 septembre 1894. — **La Tunique merveilleuse**, pièce chinoise, en un acte (Odéon, le 14 janvier 1899). — **Une Fausse Conversion**, pièce en un acte, d'après Théophile Gautier (Odéon, le 24 avril 1899). — **La Gheicha et le Chevalier**, traduction d'une pièce japonaise appartenant au répertoire de Sada Yacco (Théâtre des Mathurins).

Journaux et Périodiques : Collaboration à l'*Entracte*, à *Sonnets et Eaux Fortes*, à la *Revue des Lettres et des Arts*, au *Rappel*, 1870 et autres années; (articles divers, critique d'art et de littérature, publication du roman, *Lucienne* sous ce titre : *Jeux de l'Amour et de la Mort*); aux *Etrennes du Parnasse pour l'année 1874* (une prose sous le nom de Judith Mendès); au *Journal Officiel* de 1876 (sous le nom de F. Chaulnes); à la *Revue Bleue* (une nouvelle); à *La Contemporaine*, 1901 (*Le Collier des Jours*), au *Mercure de France*, 1903 (*Note sur un fragment du roman inédit de Villiers de l'Isle-Adan*); à la *Revue de Paris*, nouv. série (*Khou-n-Atonou*, roman, des poèmes et traductions du chinois, *Le Second rang du Collier*, souvenirs autobiographiques, etc.); à la *Revue de France*, 1897

(*Fantôme d'amour*); à la *Grande Revue* (*Princesses d'amour*); à la *Revue Blanche* (poèmes chinois); au *Figaro*, au *Gaulois*, etc., etc.

On trouve de plus, une étude de Mme Judith Gauthier *(Tokio)* dans l'ouvrage suivant : **Les Capitales du Monde,** Paris, Hachette, 1892, in-4°.

A CONSULTER

Théodore de Banville : [*sur* Mme *Judith Gautier*], Gil Blas, 4 juin 1886. — **Robert de Bonnières** : *Mémoires d'aujourd'hui*. Paris, Ollendorff, 1885, in-18, (important). — **Gaston Deschamps** : Souvenirs sur *Théophile Gautier*, Le Temps, 19 octobre 1902 (article fort médiocre). — **Anatole France** : *La Vie littéraire*, IV, Paris, Calmann Lévy, 1898, in-18. — **J. et E. de Goncourt** : *Journal* (années 1883, 1886, 1890) tomes II, p. 54 ; V, pp. 12, 32, 100, 101 ; IX, p. 73, Paris, Charpentier-Fasquelle, in-18. — **Remy de Gourmont (R.-G.)**: *Petits portraits. Judith Gautier*, Revue du Nouveau Siècle, 1er février 1902. — **Remy de Gourmont** : *Rassegna francese*, Florence, Rassegna internazionale, 15 juillet 1900. — **Edmond Haraucourt** : *Petit Théâtre*, Gaulois, 28 mai 1898. — **Lugné Poe** : (article relatif au petit théâtre), La Presse, 24 mai 1897. — **Montclair** : *Silhouette féminine.* Mme *Judith Gautier*, Figaro, 15 février 1890. — **Teodore de Wyzewa** : *Les Livres nouveaux*, Revue Bleue, 30 décembre 1893.

Voir en outre les albums Mariani, le *Petit Bottin des Lettres et des Arts, 1886*, un article d'Auguste Vitu, relatif à la *Marchande de Sourires* (Figaro, 21 avril 1888) et surtout *Le Collier des Jours*, et *Le second rang du Collier*, ouvrages autobiographiques de Mme Judith Gautier, 1902 et 1903.

ICONOGRAPHIE

Etex : *Buste en marbre* (Judith Gautier à 9 ans), appartient à Mme J. Gautier). — **Cordier** : *Buste*, terre cuite (Judith Gautier, jeune fille), app. à Mme J Gautier. — **Lecomte du Nouy** : *Esquisse,* grandeur nature, peinture (app. à Mme J·

Gautier). — **John Sargent** : *Portrait en pied*, demi nature, peinture ; *deux Esquisses*, peinture ; une *Aquarelle* et un *Dessin au crayon* (appartiennent à Mme J. Gautier). Une *Grande esquisse*, peinture ; une *Aquarelle* et une *Sepia* (appartiennent à l'auteur). — **René Gerin** : *Deux portraits*, l'un « dans le Jardin-des-Oiseaux ; l'autre dans un intérieur [Paris], (appart. à à Mme J. Gautier).

CATALOGUE DES ŒUVRES PEINTES OU SCULTÉES

de Madame Judith Gautier.

PEINTURE : *Décors pour le « Petit Théâtre de Mme J. Gautier* (appart. à l'auteur).

Une série de Soleils couchants en mer, esquisses à l'aquarelle (app. à l'auteur).

Quatre éventails (Tannhauser ; Lohengrin ; L'Or du Rhin ; La Walkyrie) app. a l'auteur.

SCULPTURE : *Buste de Lohengrin*, plus grand que nature, (app. à l'auteur).

Buste de Marie Semore, paysanne bretonne (app. à l'auteur).

Buste d'un jeune garçon (app. à l'auteur).

Modèle en plâtre d'une pendule (les douze heures symbolisées par douze figures de femmes), app. à l'auteur.

Kundry, haut relief, cire colorée (Exposition de la Rose-Croix, galerie Georges Petit), app. à l'auteur.

Peau d'Ane, Statuette à mi-corps (Exposition de la Rose-Croix, galerie Georges Petit), app. à l'auteur.

Richard Wagner, haut relief, demi-nature, plâtre (app. à l'auteur ; il existe néanmoins quelques exemplaires moulés).

Victor Hugo sur son lit de mort, cire (app. à l'auteur).

Statuette de « Mousmé », *petite chienne chinoise* (app. à l'auteur).

Projet d'un monument à Victor Hugo, plâtre (concours annoncé par la Municipalité de Besançon et non réalisé), app. à l'auteur.

Esquisse d'un groupe représentant « l'Art et l'Industrie », plâtre (app. à l'auteur).

Monument de Théophile Gautier (en collaboration avec Emile Bouillon) érigé dans la ville de Tarbes.

Statuettes pour le « Petit Théâtre » [de Mme Judith Gautier]. Personnages de *La Walkyrie;* de *Parsifal;* d'une *Larme du Diable*.

Petit buste du Prince d'Annam (app. à l'auteur).

Trayaldabas, Statuette en bronze (appart. à la famille Vaquerie).

OBJETS D'ART : *Deux Chenets en bronze,* l'un représentant un petit garçon, nu soufflant le feu, l'autre, une petite fille se chauffant (exécuté spécialement pour Auguste Vaquerie).

Deux Candélabres en argent : « Le Printemps et l'Automne » (app. à la famille Vaquerie).

AD. B.

TABLE DES MATIÈRES

TEXTE

ILLUSTRATIONS

Arras. — Imp. Répessé-Crépel et Fils